Alfaaz

Shama Patel

Notion Press

Old No. 38, New No. 6
McNichols Road, Chetpet
Chennai - 600 031

First Published by Notion Press 2017
Copyright © Shama Patel 2017
All Rights Reserved.

ISBN 978-1-946822-69-7

HC : 979-8-89519-212-2

To,

My Beloved

In your light I learn how to love.

In your beauty, how to make poems.

You dance inside my chest,

where no one sees you,

but sometimes I do,

and that sight becomes this art.

~ Rumi

Contents

ISHQ KE USS PAAR...

CONTENTS

MY WORLD OF WORDS

The world of words!

Sometimes it's just me and them.

They take me far away,

Into the deepest part of my own Being.

I swirl around with them,

Singing, laughing, crying, mourning.

They become my silent companion.

They connect me secretly with my beloved and together,

We explore the unspoken language of love.

They connect me with the Divine and

Together we wonder about life and existence.

Ah!

This world of words!

It has become the shelter of my Being.

If Hearts Could Speak

If hearts could speak,

Ever wondered what would they speak?

One might narrate the tale of legendary love,

While the other might sob describing the lost love.

One might share the joy of togetherness,

While the other might silently recall the loss of loved ones.

One might brim with joy describing the newborn's heartbeat,

While the other might narrate the plight of an elderly's nearing death beats.

If hearts could speak,

They would tell us how beautiful is this language of hearts.

The language where joy hugs sorrows,

Where life rejoice with death,

Where millions of words shatter themselves to unite with silence.

The language of hearts!

Shhhh!

Listen

The beats!

It's speaking

Listen now!

ETERNAL EMBRACE

Oh beloved,

Let us embrace each other.

Let us hug each other's worries,

Each other's sorrows,

And each other's limitations.

Let all the unease dissolve in our embrace,

For you & I are meant to cross over these boundaries and

Breathe love in its most divine form.

Let us kiss each other's tears and

Bid adieu to each other's pain.

Head to head,

Lips to lips,

Toes to toes,

Hands clasped firmly,

Let our Beings get entwined in this loving presence.

Oh beloved,

Let us embrace each other,

For the Universe now wishes to meditate on our togetherness.

Yearning

There's a yearning within this human heart.

It awaits the arrival of its beloved.

One look,

One touch,

One kiss!

It longs to melt in the beloved's warm embrace.

Contained within one soul,

One human body,

The heart now wishes to travel,

In search of a new abode,

Embarking upon a journey called love.

It knows.

The heart knows that it is capable of loving beyond human boundaries and thus,

It awaits the arrival of that lover who can sustain its love and all the loving!

Till then,

This loving longing heart thuds rhythmically within this human body.

In silence,

The beats continue to narrate the tale of a lover's heart.

ALL ABOUT YOU

Oh beloved!

Come.

Sit beside me.

Share with me your dreams and pain.

Un-blanket your fear and unveil your wants.

Tell me your deepest darkest secrets, and

Allow your being to breathe freely.

Today,

I am here to embrace the whole of you.

I am here to listen to you,

To believe in your dreams,

To soothe your pain, and

To pray for your desires.

Today,

I am here to tell you that I love and I care.

Today,

Let your words accompany your silence.

Let our hearts submerge & surrender to this brief rendezvous.

Today,

I promise,

It will be all about you.

DESIRE

I long for your touch.

I do!

My lips await to be touched by yours, and

My body craves your warmth.

When you touch me,

I burn with desire –

Desire to have you,

Desire to have it all!

In that all,

I get in touch with the most untouched,

Most intimate,

Most aesthetic and

A blazing part of myself.

And then,

I desire to experience this euphoria,

Again and again and again!

So hold me my love, and

Let us make sweet love,

For I desire the same euphoria for you,

And your soul.

BECOMING LOVE

Oh soul!

You have been a lover and,

You have been loved.

Yet,

You continue to feel a void within!

To you I say,

Become love.

Become *that*

And,

You'll find me (love)

Dancing in your Being.

FINDING ME

Oh beloved!

Reveal yourself to me

I wish to live this life through you.

I wish to see this world through your eyes.

I know your eyes are my eyes and yet,

I wish to come back to me through you.

Let me lose myself in you,

To find the *me* in my Being!

Peaceful Chaos

It's night time.

I am once again staring at the sky.

Holding a bag of mixed emotions in my heart,

I once again sit here just gazing at the unknown.

As time goes by,

I realize I am beginning to have some company.

Fear gradually crawls out from within my heart and

Takes a seat beside me.

Anxiety awaits for him to settle and

Slowly parks herself beside fear.

Uncertainty takes a few steps and

Makes himself comfortable on my right.

Happiness walks out from the heart,

Holding grace's hand and

Together they take a seat in front of me.

Loneliness and hope decide to hang out together and

Find their place closer to anxiety.

We all look at each other,

Acknowledge each other's presence, and

Turn our eyes to the never-ending sky.

Tonight, once again,

We've all gathered to look for comfort in the Divine.

Tonight, once again,

We sit here in silence and just Be.

Tonight we sit in the hope of having

A silent loving communion with the unknown and

Get an assurance that we are heard.

Tonight we sit.

Just gazing at the sky.

Tonight is one such night!

When I Met Hope

Stumbling upon the roads of Life,

Hope found me.

I instantly fell in love with her.

She became my constant companion, especially at times when things or people in my life fell apart.

With her, I've spent countless hours,

Manifesting the unimaginable in my wakeful dreams.

She always assured me of her trust and belief in my dreams.

Each time I hugged her tight to -

Bring back a lost love,

To succeed in my career,

To fulfill my heart & mind's desires,

She patiently hugged me back with equal amount of love and faith.

Today, once again,

I smile at my heart where my beloved Hope resides.

Today, once again

I knock at her door.

Today, once again

We both hold hands and walk towards the shore.

Sitting by the ocean,

Once again it is her who assures me that it will be OK.

It will be all OK.

Gazing at the beautiful sunset,

Staring back at Life,

I am glad I have Hope by my side.

DESTINY

Sometimes I wonder who it would be!

Sometimes I wonder if at all there is anybody!

Sometimes I believe there is someone, and

Sometimes I am almost convinced there isn't anyone!

My faith keeps taking these huge leaps in time, and

Brings me back to a crossroad,

Where I begin to question the existence of destiny.

Do I leave it or do I treasure it?

Do I condemn it or do I believe in it?

Do I let it walk past by me or do I let it dawdle around me?

My relationship with my faith is as hazy as

My relationship with my own Self!

Sometimes it's closer than an embrace.

And sometimes,

Just sometimes,

Its distantly lost in the time and space!

I Am to Whom I Belong

Often,

I wonder,

To whom do I belong?

What is the source of this love I feel and

The breath I take?

From where does sadness descend, and

To where does this loneliness migrate?

That's when my Being experiences a deep pull

Towards Mother Nature.

It surrounds me in a warm loving embrace and

In an instant I know I am home.

'I am to whom I belong',

It tells me.

BECOMING PRAYER

In hope I've prayed,

In desperation I've prayed.

In joys I've prayed,

In disgust I've prayed.

Now I wish to pray in solitude!

For now,

I am determined to seek beyond words,

And become the prayer itself.

Unfurl Within

The way these petals unfold,

Layer upon layer,

I too shed the unpleasantness from my Being.

The blossoming may not happen instantly but,

Somewhere,

In the garden of life,

I know I have hidden treasures,

That beautifies the existence of my Being,

And I,

Lovingly caress this unfolding,

Acknowledging the growing radiance,

Allowing the blossoming to unfurl within!

Voyage

I am not what you see me to be!

My being keeps changing with each breath.

Sometimes,

I understand me more than anyone else!

And sometimes,

I have difficulty relating to the same me.

What I am to you

Is not what I am to me.

I've figured out what I am to you,

Now,

I am on a voyage to determine what I am to me.

Label Me Not

Label me not,

For I do not know who I am yet.

I've been lost,

I've been found,

And I've been lost again,

Only with the desire to be found again!

My Being won't recognize any of your labels yet!

Beloved

Am I Shams or

Am I Rumi?

Sometimes, I think I am a bit of both.

And then I remember

I am the same heart as that of Rumi & Shams.

I am the same heart that loves,

The same heart that loves all the loving.

Amidst chaos, it was found.

In uncertainty, it sprouted.

Amidst life, it was watered.

In desire, it was nurtured.

In solitude, it blossomed.

Alas!

Love happened!

Oh beloved,

Calling out to you has become

A favorite pass time of my soul.

Each time you arrive,

It's a dance of the Divine.

In you my love,

The lover in me finds home!

·❈·

The moon whispered,

'What is it that you want tonight?'

I lovingly looked at it, and

My eyes revealed your secret!

·❈·

Listen to my heartbeat

Oh beloved!

My soul wishes to flirt with yours.

·❈·

There is a place

Between your being and mine.

I call it our home.

·❈·

Some conversations are like these!

Your soul flirts with the other, and

The words just pretend to float around.

I let your words linger,

Just a little more,

In my heart,

Relishing the depth of every letter and

The spaces in between.

Our hearts are allowing

Our Beings to evolve.

Love is indeed the way of life!

Like a flowing river,

It (life) rushed.

Love took me by its hand, and

Helped me cross over!

I called upon love,

And impatience found me.

I called upon patience,

And love came finding me.

With beloved on my side,

My Being rests in Love

From you I've arrived,

To you I belong.

This oneness is of a rare kind!

Pleasing and teasing each other has been our secret for a while
now,

Making the love that we share,

Beautiful and beyond!

Oh my beloved,

Let the rays write our love story on that sky,

While the clouds continue to narrate our Divine love affair

ISHQ KE USS PAAR...

BEZUBAAN YEH DIL MERA

Bezubaan yeh dil mera

Ise bolne ki dhun chadhi hai.

Alfaazon ki talaash mein

Teri ore kambakht chal padha hai.

Isse yakin hai

Tu koi khaas hai.

Tere dil ne kehni ise koi ankahi daastan hai.

Tere ishq mein is kadar dooba hai yeh

Na maan ni isne meri koi baat hai.

Tere saaye mein ise chain hai

Teri muskurahaton mein karaar.

Teri aakhon ki saadgi par mar mitaa hai

Na-samajh hai yeh bekaraar.

Ise ilm hai iss baat ka

Hai tere paas bhi ek dil

Jo gumshuda kuch talaashta hai.

Tujhse kareeb hokar yeh

Uss dil se batiyana chahta hai.

Tu zariya hai sirf is dil ki dillagi ka

Tere bina bhi tere dil se mohabbat karna yeh jaanta hai.

Bezubaan yeh ishq hai

Ise lafz ki kami nahi.

Dil yeh silsila jaanta hai

Fir bhi alfaazon ki talaash mein

Teri ore kambakht chal padha hai.

Bezubaan yeh dil mera,

Ise bolne ki dhun chadhi hai.

Alfaazon ki talaash mein,

Teri aur kambakht chal padha hai.

Deewangi Ki Hadd Mein Ghalib

Deewangi ki hadd mein Ghalib

Sarfira sa chal diya.

Na ata pata

Na khair khabar

Bas ishq ka jaap jap chal diya.

Tere dar pe aakar ab inhe

Sukun-e-marham mil sake.

Isi aas mein apna zameer

Yeh mar mitaa kar chal diya.

Hosh kahan hota hai mohabbat mein Ghalib!

Ruh tak bik jaati hai aashikon ki.

Fir bhi kasam le ishq ki

Tere naam ki taaweez pehen kar,

Khush mijaaz sa chal diya.

Tere dar pe aakar ab inhe
Us khuda ke manzar ko paana hai.
Ishq ki gehrai mein
Tujhe saath dubo le jana hai.

Dastaan ye ankahi
Duniya jahan ko batana hai.
Aagosh mein bhar kar tujhe
Elan-e-mohabbat dohrana hai.

Is dewaane Ghalib ne
Ab ishq ki baani padh liya.
Us khuda ko chhod kar
Uski khudaai ka ho liya.

Deewangi ki hadd mein Ghalib,
Sarfira sa chal diya.
Maashook mein khud ko sama kar
Ishq ke rang mein rang liya.
Ishq ke rang mein hi rang liya.

Zindagi Guzar Rahi Hai

Zindagi guzar rahi hai

Teri meherbaaniyo ki badaulat.

Aaj fir us Khuda ka zikr kiya

Kaha le chal mujhe us ore.

Jahaan dard khushi ko samet kar

Ummeed ki baahon mein sota hai.

Jahaan har mazhab ka aashiq

Ishq mein apni shakhsiyat khota hai.

Jahaan ashkon ko samet kar

Hasi tehelne nikalti hai.

Jahaan niraasha aasha ban

Bahaaron mein bikharti hai.

Aaj fir us Khuda ka zikr kiya

Kaha aaj muda hu teri ore!

Manzil ki talaash mein

Tu bata mein jaaun kis ore!

Ek taraf mohabbat hai

Ek taraf teri khudai.

Tu le chal mujhe us ore

Jahan Khaliq khud elan kare

Ki mohabbat mein hi khudai samaayi.

Aaj fir us Khuda ka zikr kiya

Kaha le chal mujhe us ore.

Bas le chal mujhe us ore.

GEHRE SANNATE

In gehre sannaaton se jaise ishq sa hone laga hai.

Bas ek yahi toh hai jo hame sametna jaante hai.

Kayi raate inki baahon mein guzaari hai humne,

Toote dil se marham-e-guftagu karna jaante hai ye!

Shikaayate toh anginat lekar aaye hum inke dar par,

Unn shikayaton ko raat ke andheron mein bikherna
jaante hai ye!

Aasuon ke saath hume bhi bikharta dekha hai inhone,

Fir bhi humari shakhsiyat se be-intehan mohabbat karna
jaante hai ye!

Lafzon ki zarurat na inhe hai, na humein padi,

Apni khaamoshi se hi izhaar-e-ishq karna jaante hai ye!

Inse raabta banaye rakhna aye chahne waalon,

Aahistagi ki aad mein dilon ko milana jaante hai ye!

Naye Zamaane Ke Naye Aashiqon

Naye zamaane ke naye aashiqon

Aao ishq ki baazi ladaate hai.

Dum toh bohot hai baazuon mein

(aao) zara dil ki taaqat aazmaate hai!

Ek maashook ke jaane se

Tum ishq se muh fer lete ho.

Baazi ladte ho dil ki

Aur dimaag aazmaate jaate ho!

Darte ho kahin

Tumhara keemti dil toot na jaaye.

Apne dil ki taaqat ko

Itna gair andaaz karte ho!

Kisse laila-majnu ke dohraane ki

Tum chah rakhte ho.

Kuch hi kadam chal kar

Phir kyo muh pher lene ki baat karte ho!

Dard toh insaani jazbaat ka

Ek keemti hissa hai.

Ise ishq se jod kar

Kyon mohabbat ki tauheen karte ho!

Naye zamane ke naye aashiqon

Aao aaj ek nayi shuruaat karte hai.

Ishq ke gehre rang mein rang kar

Prem ka purana paath padhte hai!

Shor Na Macha

Shor na macha aye hawa

Aaj sirf khamoshi mein

Mohabbat bayan hogi.

Aye dil

Apni dhadkano se keh de

Baat na badha!

Aaj sirf khamoshi mein

Mohabbat bayan hogi.

Aye zubaan

Tune kuch na kehna hai.

Aaj fir hoth silenge aur

Sirf khamoshi mein

Mohabbat bayan hogi.

Aye panchiyo

Ab koi dhun na sunaao.

Mere yaar ke kadmo ki aahat

Sunaai de rahi hai.

Aye fizaao

Ab shant ho jao

Mera yaar meri ore

Chal pada hai.

Aaj sirf pyaar rahega

Do jism rahenge.

Na koi kahega

Na koi sunega.

Aaj sirf khamoshi ki aad mein

Mohabbat bayan hogi.

Keh Lene De Aaj Aye Zindagi

Keh lene de aaj aye zindagi

Pata nahi kal tu rahe na rahe.

Ho jaane de pyaar ki baate ankahi

Pata nahi kal woh dilbar rahe na rahe.

Mat puch ke kitna ishq hai hame unse

Aaj aankhon ki hi zubaani sab zaahir hone de.

Pata nahi kal yeh aansu bahe na bahe.

Lag jaane de aaj unse gale, aur

Kar lene de ishq ki sab hade paar!

Aaj toot ke mohabbat hone de

Pata nahi kal yeh aashiqana dil rahe na rahe.

Keh lene de aaj aye zindagi

Pata nahi kal tu rahe na rahe!

Naseeb Naseeb Ki Baat Hai

Kuch ko humne chhod diya

Kuch hame chhod kar chale gaye!

Mohabbat sabhi se kaamil ho

Yeh toh naseeb naseeb ki baat hai!

Kuch khwahishon ko humne marod diya

Kuch khwahishon ne hame jhakjhor diya.

Khwahishon ki is daud mein

Sada hi jeet ho

Yeh toh naseeb naseeb ki baat hai!

Pyaar mein kuch sapne humne bune

Kuch sapne unhone dikhaye.

Pyar se roshan yeh sapno ki duniya

Sadaa hi khushhaal rahe

Yeh toh naseeb naseeb ki baat hai!

Kayi raaho par humne apne aap ko bikher diya

Kayi raahon par logon ne hamein tod diya.

In bikhre tukdon ko samet kar

Phir kabhi na ladkhadana

Yeh toh naseeb naseeb ki baat hai!

Kuch dua-e hamare zehen se nikli

Kuch minnate tumhare dil ne maangi.

Har aashiq ki fariyad ek si ho

Aur har woh fariyad mukammal ho

Yeh toh naseeb naseeb ki baat hai!

UFF YEH DIL

Kuch toh baat hai tujh mein

Jo yeh dil tujhse juda nahi hota.

Ab is naadan ko kaise samjhau

Tujh mein apne aap ko dubone ki zidd pakad rakhi hai isne!

Tu hi bata mein ise apni ore kaise le aau

Tere seene ki chaar deewari ke baahar yeh jo ummeed lagaye
baitha hai!

Tere ishq mein khud ko lutaane ki jo yeh zidd lagaye baitha hai!

Bas yahi ek dil tha seene mein

Ab duja dil kahan se laau!

Woh jo mere seene ki chaukhat par intezaar mein baitha hai

Ab uska dil kaise behlau!

GUMNAAM ZINDAGI

Laapata fasaane hai

Is gumnaam zindagi ke!

Ek ehsaas hai

Jana anjana sa.

Ek aawaz hai

Ghumshuda si.

Ek khayal hai

Sehma sehma sa.

Ek aarzoo hai

Laparvah si.

Is gumnaam zindagi ke

Falsafo ki baat kya kare!

Asliyat dilon mein qaid kar

Log parchhaai bane fir rahe hai.

Ishq

Armaano ki baat na kar

Aye Ghalib

Inhe sametna ab mushkil sa

Ho raha hai.

Ishq ka naam sunte hi

Yeh bikharne ki baat karte hai!

❖

Ab toh dur se chehra dekh kar

Muskurane ki adat si ho gayi hai.

Paas hote toh yeh kambakht dil

Kab ka loot chuka hota!

❖

Muddaton baad koi shakhs

Zindagi me khushiya laya hai.

Darr hai ki kambakht zindagi

Iski bhi ghulam na bann jaaye.

❖

Ek anjaan shakhs se fir

Baaton-mulaakaton ka silsila shuru hua.

Dil se fir wahi aawaz aayi

'Shayad yahi hai woh!'

⁂

Phir wahi shaam

Phir wahi yaadein.

Na jaane zindagi

Kitni mohabbatein aur dikhayegi.

⁂

Aaj in aasuon se hamne pucha

Tum kyo bar bar nikal aate ho!

Unhone baraste hue kaha

Ishq sirf lafzo se hi bayan nahi hota!

Kabhi aasuon ki zubani bhi ishq ko

Samajh liya karo!

⁂

Gham na kar Faraz

Aage ishq ke mukaam aur bhi hai!

Toote dil ke kadardaan

Is bazaar mein aur bhi hai!

❖

Khamoshi ki aad mein

Lafzo ne bhi

Be-inteha mohabbat kar li.

Kuch keemti khamoshiya

Aisi bhi!

❖

Kuch haddein paar ki humne

Be-intehan mohabbat ki zaahiraatein ki humne

Ishq ne jab laut aane ki baat kahi

Ta-umr theher jaane ki

Fariyaad ki humne!

❖

Zubaan par jab jab

Tera naam aaya.

Laga khuda ne khud

Paigaam-e-ishq bheja.

Saanson ne tham kar

Phir dhadkano se pucha

'Kya yahi hai woh?'

❧

Yeh jo khamoshi ki aad mein

Tum sab kuch keh jaate ho.

Inhi adaao par toh

Hamare alfaaz meherban hai.

❧

Tere ishq ke nashe mein

Kuch is kadar dhoot hue.

Hum rehkar bhi

Hum hum na rahe!

❧

Haath mein kalam liye

Socha aaj kuch likha jaaye.

Tera khayal zehen mein aaya

Aur saare alfaaz khamosh ho gaye.

In haseen shaamo ki baat hi kuch aur hoti hai.

Inki aagosh mein teri yaadon ka nasha jo chadhta hai

Toh kambakht utarne ka naam hi nahi leta.

Kuch nasheeli shaam-e aisi bhi!

In haseen shaamo ki baat hi kuch aur hoti hai.

Jee karta hai

Unhe dil ke saare raaz bata du.

Par lafzo ke naam par

Sirf khamoshiya nikalti hai!

Yeh kambakht pyaar bhi

Badi ajeeb cheez hai.

Bandagi mein aajkal

Tera deedar hota hai.

Khuda kahin yeh silsila jaankar

Khafa na ho jaaye!

***

Tere khayalon ki ab

Aadat si ho chuki hai.

Ruh ko kehte suna hai

Meri shakhsiyat badal si gayi hai.

***

Tera junoon

Teri mohabbat

Teri justajoo.

Ab toh alfaaz bhi tere naam se

Shuru hote hai.

***

Kore kagaz par likh kar

Teri yaadon se ishq ladaa lete hai.

In dooriyon se keh do

Jitna aazmaana hai, aazmaa le!

❧

Kayi shaam-e

Teri yaad mein bita di magar;

Dil ko aaj bhi

Tere laut aane par yakin hai!

Dil se humne pucha

Yeh kaisi na-samjhi ki hadd hai?

Dil ne madhosh hokar kaha

Arre deewani yahi toh ishq hai!

Yehi woh ishq hai!

❧

ZINDAGANI

Toofano ka rukh mod sakte

Toh kya baat thi!

Hum toh woh aashiq nikle

Jo kambakht toofan se hi ishq lada baithe!

Aaj chand ko baadalon se nikalte dekha.

Kaun kehta hai be-inteha mohabbat bar bar nahi hoti!

Udte hue girna toh ab

Roz ki baat ho chuki hai.

Ab toh yeh aalam hai Ghalib

Na aasmaan nazar aata hai

Na zameen mehsoos hoti hai!

Udne de khwahishon ko aye Faraz

Dilon mein qaid rehna inhe gawara nahi.

Udaan bharna toh koi

In pancchiyo se seekhe!

Hame toh sirf

Jasbaaton ko qaid karna aata hai!

Kuch lamhe thaam lene ka jee karta hai

Kuch lamhe bikher dene ka jee karta hai.

Shayad isi kashmakash ka naam zindagi hai.

Zara dheeme chal aye waqt!

Kuch yaadon ko bikherna baaki hai

Kuch lamhon ko sametna baaki hai

Kayi chehron ko bhulana baaki hai.

Zara dheeme chal aye waqt

Abhi khud ko samajhna baaki hai.

अल्फ़ाज़...

बेज़ुबान ये दिल मेरा

बेज़ुबान ये दिल मेरा

इसे बोलने की धुन चढ़ी है.

अल्फ़ाज़ों की तलाश में

तेरी ओर कमबख़्त चल पडा है.

इसे यकीं है तू कोई ख़ास है

तेरे दिल ने कहनि इसे कोई अनकही दास्तां है.

तेरे इश्क़ में इस कदर डूबा है ये

न मान नी इसने मेरी कोई बात है.

तेरे साए में इसे चैन है

तेरी मुस्कुराहटों मे करार.

तेरी आँखों की सादगी पर मर मिटा है

ना-समझ है ये बेक़रार.

इसे इल्म है इस बात का

है तेरे पास भी एक दिल

जो घुमशुदा कुछ तलाशता है.

तुझसे करीब होकर ये

उस दिल से बतियाना चाहता है.

तू ज़रिया है सिर्फ इस दिल की दिल्लगी का

तेरे बिना भी तेरे दिल से मोहब्बत करना ये जानता है.

बेज़ुबान ये इश्क़ है

इसे लफ्ज़ की कमी नहीं

दिल ये सिलसिला जानता है.

फिर भी अल्फ़ाज़ों की तलाश में

तेरी ओर कमबख़्त चल पडा है.

बेज़ुबान ये दिल मेरा

इसे बोलने की धुन चढ़ी है.

अल्फ़ाज़ों की तलाश में

तेरी ओर कमबख़्त चल पडा है.

दीवानगी की हद में ग़ालिब

दीवानगी की हद में ग़ालिब

सरफिरा सा चल दिया.

न अता पता न खैर खबर

बस इश्क़ का जाप जप चल दिया.

तेरे दर पे आकर अब इन्हें

सुकून-ऐ-मरहम मिल सके.

इसी आस में अपना ज़मीर

ये मर मिटा कर चल दिया.

होश कहाँ होता है मोहब्बत में ग़ालिब!

रूह तक बिक जाती है आशिकों की!

फिर भी कसम ले इश्क की

तेरे नाम की तावीज़ पहन कर

खुश मिजाज़ सा चल दिया.

तेरे दर पे आकर अब इन्हें

उस ख़ुदा के मंज़र को पाना है.

इश्क़ की गहराई में

तुझे साथ डुबो ले जाना है.

दास्तान ये अनकही

दुनिया जहां को बताना है.

आगोश में भर कर तुझे

एलान-ऐ-मोहब्बत दोहराना है.

इस दीवाने ग़ालिब ने

अब इश्क़ की बानी पढ़ लिया.

उस ख़ुदा को छोड़ कर

उसकी ख़ुदाई का हो लिया.

दीवानगी की हद में ग़ालिब

सरफिरा सा चल दिया.

माशूक़ में ख़ुद को समां कर

इश्क़ के रंग में रंग लिया.

इश्क़ के रंग में ही रंग लिया.

ज़िन्दगी गुज़र रही है

ज़िन्दगी गुज़र रही है
तेरी मेहरबानियों की बदौलत.
आज फिर उस ख़ुदा का ज़िक्र किया
कहा ले चल मुझे उस ओर!

जहां दर्द ख़ुशी को समेट कर
उम्मीद की बाहों में सोता है.
जहां हर मज़हब का आशिक़
इश्क़ में अपनी शख़्सियत खोता है.

जहां अश्कों को समेट कर
हँसी टहलने निकलती है.
जहां निराशा, आशा बन,
बहारों में बिखरती है.

आज फिर उस ख़ुदा का ज़िक्र किया,

कहा आज मुड़ा हु तेरी ओर!

मंज़िल की तलाश में

तू बता मैं जाऊं किस ओर!

एक तरफ मोहब्बत है

एक तरफ़ तेरी ख़ुदाई.

तू ले चल मुझे उस ओर

जहां ख़ालिक़ ख़ुद एलान करे

की मोहब्बत में ही ख़ुदाई समाइ.

आज फिर उस ख़ुदा का ज़िक्र किया,

कहा ले चल मुझे उस ओर!

बस ले चल मुझे उस ओर.

❧

गहरे सन्नाटे

इन गहरे सन्नाटों से जैसे इश्क़ सा होने लगा है.
बस एक यही तो है जो हमें समेटना जानते है.

कई रातें जिनकी बाहों में गुज़ारी है हमने,
टूटे दिल से मरहम-ऐ-गुफ्तगू करना जानते है ये!

शिकायते तो अनगिनत लेकर आये हम इनके दर पर,
उन् शिकायतों को रात के अंधेरों में बिखेरना जानते है ये!

आंसुओं के साथ हमें भी बिखरता देखा है इन्होंने,
फिर भी हमारी शख्सियत से बे-इन्तेहाँ मोहब्बत करना
जानते है ये!

लफ़्ज़ों की ज़रूरत न इन्हे है, न हमें पड़ी,
अपनी खामोशी से ही इज़हार-ऐ-इश्क़ करना जानते है ये!

इनसे राब्ता बनाये रखना ए चाहने वालों,
आहिस्तगी की आड़ में दिलों को मिलाना जानते है ये!

नए ज़माने के नए आशिक़ों

नए ज़माने के नए आशिक़ों

आओ इश्क़ की बाज़ी लड़ाते है.

दम तो बोहोत है बाज़ुओं में

(आओ) ज़रा दिल की ताकत आजमाते है!

एक माशूक़ के जाने से

तुम इश्क़ से मुंह फेर लेते हो.

बाज़ी लड़ते हो दिल की

और दिमाग़ आज़माते जाते हो!

डरते हो कहीं

तुम्हारा कीमती दिल टूट न जाए!

अपने दिल की ताक़त को

इतना गैर अंदाज़ करते हो!

क़िस्से लैला-मजनू के दोहराने की
तुम चाह रखते हो!
कुछ ही कदम चल कर
फिर क्यों मुंह फेर लेने की बात करते हो!

दर्द तो इंसानी जज़्बात का
एक कीमती हिस्सा है.
इसे इश्क़ से जोड़ कर
क्यों मोहब्बत की तौहीन करते हो!

नए ज़माने के नए आशिक़ों
आओ आज एक नयी शुरुआत करते है.
इश्क़ के गहरे रंग में रंग कर
प्रेम का पूराना पाठ पढ़ते है!

शोर ना मचा ए हवा

शोर ना मचा ए हवा

आज सिर्फ ख़ामोशी में

मोहब्बत बयां होगी.

ए दिल

अपनी धड़कनों से कह दे

बात ना बढा

आज सिर्फ ख़ामोशी में

मोहब्बत बयां होगी.

ए जुबां

तूने कुछ न कहना है

आज फिर होठ सिलेंगे और

सिर्फ ख़ामोशी में

मोहब्बत बयां होगी.

ए पंछियो

अब कोई धुन न सुनाओ.

मेरे यार के क़दमों की आहट

सुनाई दे रही है.

ए फिज़ाओ

अब शांत हो जाओ.

मेरा यार मेरी ओर

चल पड़ा है.

आज सिर्फ प्यार रहेगा

दो जिस्म रहेंगे

ना कोई कहेगा

ना कोई सुनेगा

आज सिर्फ ख़ामोशी की आड़ में

मोहब्बत बयां होगी.

कह लेने दे आज ए ज़िन्दगी

कह लेने दे आज ए ज़िन्दगी
पता नहीं कल तू रहे ना रहे.

हो जाने दे प्यार की बातें अनकही
पता नहीं कल वो दिलबर रहे ना रहे.

मत पूछ के कितना इश्क़ है हमें उनसे
आज आँखों की ही जुबानी सब ज़ाहिर होने दे
पता नहीं कल ये आँसू बहे ना बहे.

लग जाने दे आज उनसे गले
और कर लेने दे इश्क़ की सब हदें पार.
आज टूट के मोहब्बत होने दे,
पता नहीं कल ये आशिक़ाना दिल रहे ना रहे.

कह लेने दे आज ए ज़िन्दगी,
पता नहीं कल तू रहे ना रहे.

नसीब नसीब की बात है

कुछ को हमने छोड़ दिया

कुछ हमें छोड़ कर चले गए.

मोहब्बत सभी से क़ामिल हो

यह तो नसीब नसीब की बात है!

कुछ ख्वाहिशों को हमने मरोड़ दिया

कुछ ख्वाहिशों ने हमें झकझोर दिया.

ख्वाहिशों की इस दौड़ में सदा ही जीत हो

यह तो नसीब नसीब की बात है!

प्यार में कुछ सपने हमने बने

कुछ सपने उन्होंने दिखाए.

प्यार से रोशन यह सपनो की दुनिया, सदा ही खुशहाल रहे

यह तो नसीब नसीब की बात है!

कई राहों पर हमने अपने आप को बिखेर दिया

कई राहों पर लोगों ने हमें तोड़ दिया.

इन बिखरे टुकड़ों को समेट कर, फिर कभी न लडखडाना,

यह तो नसीब नसीब की बात है!

कुछ दुआ-ऐ हमारे ज़ेहन से निकली

कुछ मिन्नतें तुम्हारे दिल ने मांगी.

हर आशिक़ की फरियाद एक सी हो,

और हर वह फ़रियाद मुकम्मल हो

यह तो नसीब नसीब की बात है!

उफ़ ये दिल

कुछ तोह बात है तुझ में

जो ये दिल तुझसे जुदा नहीं होता.

अब इस नादान को कैसे समझाऊं

तुझ में अपने आप को डुबोने की जिद्द पकड़ रखी है इसने!

तू ही बता मैं इसे अपनी ओर कैसे ले आऊ

तेरे सीने की चार दिवारी के बाहर

ये जो उम्मीद लगाए बैठा है!

तेरे इश्क़ में खुद को लुटाने की जो ये ज़िद्द लगाए बैठा है!

बस यही एक दिल था सीने में

अब दूजा दिल कहाँ से लाऊ!

वो जो मेरे सीने की चौखट पर इंतज़ार में बैठा है

अब उसका दिल कैसे बहलाऊ!

गुमनाम ज़िन्दगी

लापता फ़साने है,
इस गुमनाम ज़िन्दगी के!

एक एहसास है

जाना अनजाना सा.

एक आवाज़ है

गुमशुदा सी.

एक ख़्याल है

सहमा सहमा सा.

एक आरज़ू है

लापरवाह सी.

इस गुमनाम ज़िन्दगी के फलसफ्फों की बात क्या करे!
असलियत दिलों में क़ैद कर, लोग परछाई बने फिर रहे है.

इश्क़

अरमानों की बात न कर ए ग़ालिब

इन्हें समेटना अब मुश्किल सा हो रहा है.

इश्क़ का नाम सुनते ही

ये बिखरने की बात करते है!

अब तो दूर से चेहरा देख कर

मुस्कुराने की आदत सी हो गयी है.

पास होते तो ये कमबख़्त दिल

कब का लूट चूका होता!

मुद्दतों बाद कोई शख़्स

ज़िन्दगी में खुशियाँ लाया है,

डर है कि कमबख़्त ज़िन्दगी

इसकी भी गुलाम ना बन जाए!

एक अनजान शख़्स से

फिर बातों-मुलाकातों का सिलसिला शुरू हुआ.

दिल से फिर वही आवाज़ आयी

'शायद यही है वो!'

❖

फिर वही शाम

फिर वही यादें

न जाने ज़िन्दगी कितनी मोहब्बतें और दिखाएगी.

❖

आज इन आसुओं से हम ने पूछा

तुम क्यों बार बार निकल आते हो!

उन्होंने बरसते हुए कहा

इश्क़ सिर्फ लफ़्ज़ों से ही बयां नहीं होता!

कभी आसुओं की जुबानी भी

इश्क़ को समझ लिया करो!

❖

ग़म ना कर फ़राज़

आगे इश्क़ के मुक़ाम और भी है!

टूटे दिल के कदरदान

इस बाजार में और भी है!

❖

ख़ामोशी की आड़ में
लफ्ज़ो ने भी
बे-इन्तहा मोहब्बत कर ली.
कुछ कीमती खामोशिया ऐसी भी!

◈

कुछ हदें पार की हम ने
बे-इन्तेहाँ मोहब्बत की ज़ाहिरातें की हम ने.
इश्क़ ने जब लौट आने की बात कही
ता-उम्र ठहर जाने की फ़रियाद की हम ने!

◈

जुबां पे जब जब तेरा नाम आया
लगा खुदा ने खुद पैगाम-ऐ-इश्क़ भेजा.
साँसों ने थाम कर फिर धड़कनों से पूछा
'क्या यही है वो?'

◈

ये जो ख़ामोशी की आड़ में तुम
सब कुछ कह जाते हो.
इन्हीं अदाओं पर तो
हमारे अलफ़ाज़ मेहरबान है.

◈

तेरे इश्क के नशे में

कुछ इस कदर धुत हुए.

हम रहकर भी

हम हम ना रहे!

❖

हाथ में कलम लिए

सोचा आज कुछ लिखा जाए.

तेरा ख़्याल ज़हन में आया

और सारे अलफ़ाज़ खामोश हो गए.

❖

इन हसीं शामों की बात ही कुछ और होती है.

इन की आगोश में तेरी यादों का नशा जो चढ़ता है

तो कमबख़्त उतरने का नाम ही नहीं लेता.

कुछ नशीली शामें ऐसी भी!

❖

जी करता है उन्हें दिल के सारे राज़ बता दूं

पर लफ़्ज़ों के नाम पर सिर्फ खामोशिया निकलती है!

ये कमबख़्त प्यार भी बड़ी अजीब चीज़ है!

❖

बंदगी में आज कल

तेरा दीदार होता है.

खुदा कहीं ये सिलसिला जानकर

खफा ना हो जाए!

❖

तेरे ख़्यालों की

अब आदत सी हो चुकी है.

रूह को कहते सुना है

मेरी शख़्सीयत बदल सी गयी है.

❖

तेरा जूनून

तेरी मोहब्बत

तेरी जुस्तजू.

अब तो अलफ़ाज़ भी

तेरे नाम से शुरू होते है.

❖

कोरे कागज़ पर लिख कर

तेरी यादों से इश्क लड़ा लेते है.

इन दूरियों से कह दो

जितना आज़माना है, आज़मा ले!

❖

कई शामे

तेरी याद में बीता दी मगर;

दिल को आज भी तेरे लौट आने पर यकीं है!

दिल से हमने पूछा

ये कैसी ना-समझी की हद है?

दिल ने मदहोश होकर कहा

अरे दीवानी यही तोह इश्क़ है.

यही वो इश्क़ है!

ज़िन्दगानी

तूफानों का रुख मोड़ सकते, तो क्या बात थी!

हम तो वो आशिक़ निकले

जो कमबख़्त तूफ़ान से ही इश्क लड़ा बैठे!

आज चाँद को बादलों से निकलते देखा.

कौन कहता है बे-इन्तहा मोहब्बत बार बार नहीं होती!

उड़ते हुए गिरना तो अब रोज़ की बात हो चुकी है.

अब तो ये आलम है ग़ालिब!

ना आसमान नज़र आता है

ना ज़मीन महसूस होती है!

उड़ने दे ख्वाहिशों को ए फ़राज़

दिलों में क़ैद रहना इन्हें गवारा नहीं.

उड़ान भरना तो कोई इन पंछियो से सीखे.

हमें तो सिर्फ जस्बातों को क़ैद करना आता है!

❖

कुछ लम्हे थाम लेने का जी करता है

कुछ लम्हे बिखेर देने का जी करता है

शायद इसी कशमकश का नाम ज़िन्दगी है.

❖

ज़रा धीमे चल ए वक़्त!

कुछ यादों को बिखेरना बाकी है

कुछ लम्हो को समेटना बाकी है

कई चेहरों को भुलाना बाकी है.

ज़रा धीमे चल ए वक़्त

अभी खुद को समझना बाकी है!

ACKNOWLEDGMENTS

I extend my heartfelt gratitude to - Zeenat Patel, Arif Patel, Heena, Tina, Sonia, Shamira, Dimple, Raziya, Ram, Raghav, Rohit, Manav, Azhar, and Bharat sir for constant support and encouragement.

To Sahil Tirlok - for his creative vision and intriguing cover design.

and Team Notion Press — Yamini, Shiny, Vishnu, Shrinivas and Thilaga